こどもキッチン、はじまります。

2歳からのとっておき台所しごと

こどもキッチン主宰
石井由紀子 著
はまさきはるこ 絵

たたく　つぶす　まぜる　きる

太郎次郎社エディタス

たっち　　はいはい　　おすわり　　ねがえり　　ねんね

はじめに

「やりたい」からはじまる体験が子どもの成長をつくる

生まれたばかりの赤ちゃんは、首が固定していなくてグラグラ……それがいつの間にか首がすわり、見たいと思った方向に顔を向けることができるようになっていきます。まるで自動的にそうなっているように見えますが、じつはこれには、赤ちゃんの「意志」が大きく関係しています。

お母さんの声がするほうを「見たいぞ」と思って、そちらに首を向けようとチャレンジする。これを何度も何度もくり返すうちに、動かすために必要な筋力が発達し、いつでも自分が「そうしよう！」と思ったときには自由に動かせるようになっていくのです。

小さい子どもは、できるようになる途中のプロセスで、「疲れたー！」とか「たいへんだー！」とは言いません。だれに言われることなく、黙々とやり続けます。自分の意志で「これをやるぞ！」と決めて、くり返してやり、できるようになるまでやるのが子どもなのです。

歩く、靴を履く、服を着る、スプーンで食べる、泡立て器でまぜる……。水をコップに注ぐのも、飲んだり食べたりするのだってそう。あらゆる動きは、子ども本人の「やりたい」という意志があり、それをくり返しやることで獲得していくものなのです。

うまれてから…
どんどん
ふえていく
たくさんのうごき

小さい子どもが台所が好きなわけ

自分の意志で自分が思ったとおりに動けるようになりたい！　そう切望する子どもたちは、台所が大好き。台所仕事には、たたいたり、つぶしたり、むいたり、まぜたり、ちぎったり、折ったり、まいたり、注いだり……、手や体のあらゆる動きがふくまれています。見たり、聞いたり、味わったり、匂いをかいだり、触ったり……、五感もフルに使います。

自分を成長させてくれる魅力的な場所、それが子どもにとっての台所。これが、みずから成長したくてしかたのない子どもたちが、目を輝かせて台所にやってくる理由です。

この本では、子どもたちが生活のなかで、「もうやれる動き」と「いまブームになっている動き」を、台所作業に活かすレシピを紹介しています。

これらは子どもの「できる・やりたい」動きを取り入れたレシピです。まずは、たたく、つぶす、まぜる、むく、などの動作が入った〈包丁を使わないレシピ〉からスタートしてみましょう。

そして「子どもはやりたいことがやれてうれしいし、大人は安心して見ていられる」、そのための知恵をお伝えしていきます。

うまくいくかな？　おいしくできるかしら？　ハラハラ、ドキドキ！

小さな子どもの台所しごと。新しい扉を開きましょう。

こどもキッチンへようこそ！

まずは大人がお手本をやってみます。

みる

きる

かたをぬく

子どもたちがトライ。
大人は後ろから見守る。

あなをあける

にぎる

くみたてる

つめる

あじわう

たべる

お料理ができました。
試食タイムです。

子どもは、自分の意志で、
やるぞー！ やれたー！ で、うれしい。
大人は、子どもの真剣なまなざしに
成長を感じて、しあわせになる。
料理ができたら、できたね！ おいしいね！ と
親子で会話がはずむ。
子どもの料理は、子どもも、大人も、
みんなをしあわせにします。

洗い物とあとかたづけ。

あらう

ふく

きょうのメニュー

①みそとごまのショートブレッド
②ブロッコリーツリー

もくじ

たたく・つぶす 8

- きつねコロッケ 10
- きゅうりの海苔あえ 12
- さつまいものポタージュ 14
- 台所しごとQ&A① 「小さな子どもに台所しごとをさせるためのコツと心構えを教えてください」 16

まぜる 18

- 豆腐ディップ 20
- じゃがいものクイックブレッド 22
- 道具の工夫 24

おはなし「おやおやスーツが届いたら」 25

- コラム 声かけは具体的に 40
- コラム あなたはどのタイプ? 41

むく・まく 42

- ミニトマトのマリネ 44
- ケチャップライス春巻き 46
- 枝豆チーズスティック 48
- 調味料と食材の選び方 50
- コラム 大人のスピード、子どものスピード 51
- 台所しごとQ&A② 「包丁はいつから始めるのがよいですか?」 52

きる　54

包丁の使い方　56
きゅうりピック　58
野菜のオーブン焼き　60
ピーラーの使い方　62
コラム　道具が教えてくれる〈安全〉　63
台所しごとQ&A③　64
「子どもが安全に火を扱うためのポイントを教えてください」

おやつ　66

春色だんご　68
かぼちゃのクッキー　70
台所しごとQ&A④　72
「忙しい毎日で、子どもに料理をさせる余裕がないので、まず洗い物をさせてみたいのですが」

コラム　子どもが水を好きなわけ　74

ごはんとみそしる　76

ごはんを炊こう　78
おにぎり　80
だしのとりかた　82
だしがらメニュー　83
わかめのお吸い物　84
根菜のうまみたっぷり豚汁　86
台所しごとQ&A⑤　88
「はじめての子育てで余裕がなく、何もやらせないまま大きくなってしまいました」
コラム　子どもの五感　89
おわりに　91
こどもキッチンのご紹介　94

たたく・つぶす

子どもはたたくのが大好き

カンカンカン……、音がするほうにふと目をやると、わが子がテーブルをスプーンでたたいている。「もう！　なんで？」「やってほしくない！」「行儀悪い！」。

こんな、イライラしてしまう場面はありませんか？「たたく」行為は1歳をまえにはじまるようで、私が主宰している「こどもキッチン」の2歳からの教室でも、子どもたちの大好きな作業のひとつです。

大人が料理する目的は「食べるものをつくる」なのですが、子どもの目的はこれとは違っているようです。「たたきたいぞー！」という気持ちがわいて、たたいています。「たたく」ことそのものが目的なのです。子どもは、「たたく動き」が獲得したくて、たたく。自分の意志で、自分の手や体を使ってやるから、やれるようになるのです。

3歳ごろまでの子どもは、料理のできあがりをゴールにしていないことが多いので、「たたく」作業が終わって、つぎのことに興味がなかったら「もうおしまい！」と台所をあとにすることもあります。

「たたく」ことは「つぶす」ことにつながります。蒸したじゃがいもをすりこぎでつぶすとき、はじめは、ふにゃっとした手つきで力不足のため、たたいてもつぶれません。すりこぎがじゃがいもに当たらない、違うところをたたいている、などということもあるのですが、しだいに力がつき、カンが働くようになり、的を外さずにつぶせるようになっていきます。

「たたく」「つぶす」が楽しくできるレシピをご紹介します。

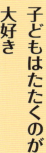

子どもどうぐ

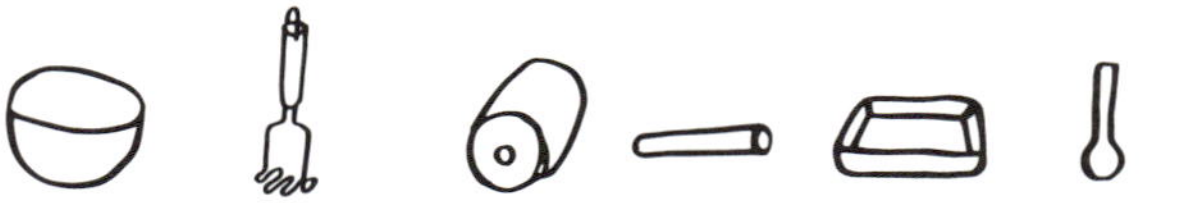

ボウル　マッシャーかすりこぎ　キッチンペーパー　めん棒　バット　スプーン

おとなが

①じゃがいもはよく洗い、皮付きのまま4等分に。鍋にひたひたの水を入れ、塩ひとつまみを加えて、火にかける。沸騰したら火を弱め、フタをして、やわらかくなるまで蒸し煮にする。

②じゃがいものあら熱がとれたら、皮をむく。

③マッシャーかすりこぎで**たたいてつぶし、**塩ひとつまみを加えてまぜる。

おとなが

④うすあげは湯通しして油をキッチンペーパーで しっかりとふきとる。左ページの図のように包丁で切り、袋状にする。

⑤めん棒を転がしてうすあげをのばし、袋の口をゆっくりと開いていく。

⑥③のマッシュポテトを⑤のうすあげにスプーンを使って**詰める。**

⑦フライパンで両面を焼く。バットに取り出して、あら熱がとれたら、包丁でお好みの大きさに切る。

おとなが

⑧お好みでしょうゆを少々かける。

POINT

つぶす道具は、マッシャーでもすりこぎでもOK。子どもの力でつぶせるようにやわらかめに蒸すこと。③で枝豆を入れてもおいしい。

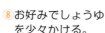

たたく
つぶす

きつねコロッケ

皮の「パリッ」とじゃがいもの「ふわっ」。
まったく違う２つの食感が食欲を刺激します。
ごはんのおかずにも、お弁当にも、おやつにも使える。
大人はショウガじょうゆでどうぞ。
たたく、つぶす、皮に詰める。
子どもたちの大好き作業がオンパレードの一品です。

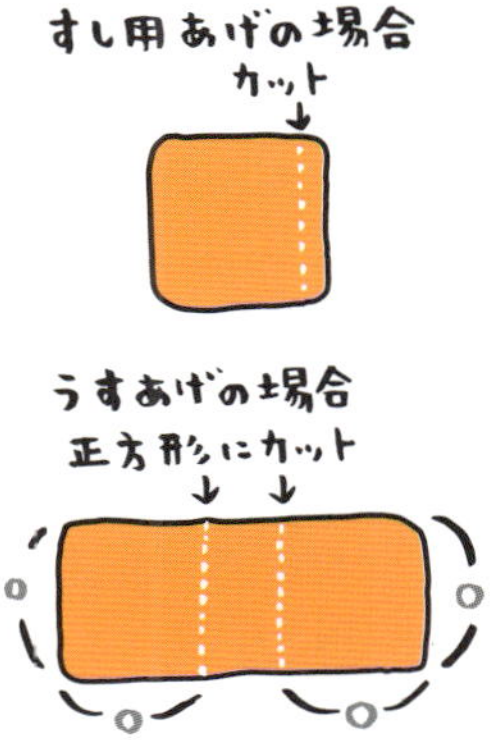

〈材料〉10㎝角　２個分
うすあげ　１枚
（または、すし用あげ２枚）
じゃがいも　２個（２４０ｇ）
塩　適量
しょうゆ　お好みで

子どもどうぐ

まな板　すりこぎ　ボウル　スパチュラかゴムベラ

①きゅうりをまな板において、すりこぎでたたいてから、手でひと口大にちぎる。

POINT

味つけ海苔は手がべたべたするので、ぜひ「焼き海苔」を使いたい。味はシンプルですが、子どもは焼き海苔が大好きです。

②①のきゅうりをボウルに入れ、塩をひとつまみ入れてまぜる。さらに、ごま油、米酢を入れて全体をよくまぜる。

③海苔を手でちぎりながら入れて、すりごまを加え、きゅうりと和える。

たたく
つぶす

きゅうりの海苔和え

カンタンすぎるのにおいしい、夏にもってこいの涼やかな和えもの。
まだ包丁は使えなくても、これならできる、
気軽に子どもにつくってほしいレシピ。
「たたく」と「手でちぎる」の組み合わせが
子どもはとっても楽しいみたいです。

〈材料〉きゅうり1本分

きゅうり	1本
焼き海苔	全形1枚
ごま油	小さじ1
米酢	小さじ1
塩	少々
すりごま	小さじ1

子どもどうぐ

おとなが

①鍋に、皮をむきひと口大に切ったさつまいも、みじん切りにした玉ねぎ、水 100cc、塩少々を入れて、鍋のフタをして弱めの中火にかける。５分くらい煮て、さつまいもに串を刺してチェック。スッと刺さって、やわらかくなっていればＯＫ。まだかたいようであれば、もうしばらく煮て様子をみる。

②あら熱がとれたら①をボウルに移し、マッシャーで**つぶす**。

③豆乳を注ぎ、泡立て器でよく**まぜる**。

おとなが

④弱火にかけて温め、塩ひとつまみを入れて味を決める。お好みでオリーブオイルを少し入れる。

※豆乳入りなので沸騰させないように、火かげんに注意する。

【子どもの顔をみる】

急に子どもの動きが止まった、何か違うことをしているようだ。そうみえたとき、あなたならどうする？ 子どもを止める？「違うよ。こうだよ！」と教える？ 「この子はわからない、できない」と思う？ でも本当はどうなのだろう？ そのときの子どもは、真剣な顔？ 何かを考える顔？「もう、やーらない」の顔？ 顔を見れば子どもの心の内がみえてくる。

たたくつぶす

さつまいものポタージュ

さつまいもと玉ねぎのうまみと甘みに、豆乳のやさしい味をプラス。
あっさり味でゴクゴク飲めちゃうポタージュ。
子どもがただ「つぶしている」だけでできあがるのんびりさ加減に
心ゆるみ、つぶし残しが素朴な味わいとなる。
子どもにまかせるのが楽しくなる一品です。

〈材料〉2人分

さつまいも　200g（中1個）
玉ねぎ　50g（4分の1個）
水　100cc
無調整豆乳　300cc
塩　適量
オリーブオイル　適量

台所しごとQ&A①

Q. 小さな子どもに台所しごとをさせるための、コツと心構えを教えてください。

こどもキッチンでは、子どもに伝えるとき「だまって、ゆっくり、やってみせる」を大切にしています。

●「見る」が台所しごとのことはじめ

子どもは「だまって、ゆっくり」やってみせてもらうと、その動作をどうすればいいのかを瞬時につかむことができるので、自分の席に座ったら、もうやっています。大人の指示なんて待ってはいません。

子どもの体験の一番最初は「見る」です。子どもをおんぶして料理をしていると、横からぐおっとのぞきこんでくる。ハイハイのころには台所にやってきて、大人のやっていることを見ている。そして、歩けるようになり、手が自由に使えるようになっていくなかで、「お母さん、あれをやってたな。ぼくもやりたい」、そんな気持ちがわいてきます。

●子どもは「やりたいから、やる」が基本

子どもは見た瞬間に「やりたい!」となって、手を出してくることがあります。見たら、すぐにやりたいのです。「まだー! 最後まで見ててー!」と言っても、聞く耳持たずなのが子どもというもの。とくに2歳児に多くみられます。そこで大

人は、火や刃物など危険なものは、子どもの手に届かない場所に位置を変えて、環境を整えるのです。

なんだかへんてこなものができあがっても、いいのです。「やりたいから、やる」、この体験が子どもを育てていくのですから。

●ドキドキしながら見守ろう

「やり方、見てなかったけど、ま、いっか。はいどうぞ」。やらせてみたら、「なんだかぜんぜん違う……いや、それ、そうじゃないし」。ドキドキ、心拍数があがります。

そして、それもよし、です。危険なこと（包丁でケガをするなど）と、意図と違うこと（まぜるためのスプーンを投げるなど）は、やめてもらうとしても、「どうやらまぜているようだ」「手つきはふにゃっとしてるけど、台ふきで台をふいているらしい」、そんな、意図にかなった動きをしようとしているのであればＯＫ。そんな構えが、おうちで、小さな子どもと台所しごとをするときの秘訣《ひけつ》だったりします。

さて、準備が整ったら、おうちで、親子で、子どもの台所しごとをスタートしましょう。

まぜる

「まぜる」のおしまいはどう決める？

子どもがスプーンを持ってぐるぐるとまぜるしぐさをしたら、「まぜる」料理をまかせてみましょう。小さな泡立て器やスプーンを使って、味噌を少しのだし汁でのばす、ドレッシングをつくる、豆腐をつぶす、ホットケーキの種をまぜる……など、料理のなかには「まぜる」がたくさんあります。

料理教室で2歳の女の子に、小さな泡立て器で味噌を少しのだし汁でのばす作業をお願いしました。「やるー！」とうれしそうな彼女。1分くらいすると味噌は完全にまざりましたが、「さ。もう終わったね。返してね」と頼んでも、子どもは「まだやるの！」とお椀を離しません。子どもはまだやりたいのに途中で終わらせようと大人が躍起になると、「やりたい！」「やめて！」のバトルになることも。そんなとき、「子どもがみずからかかわったことは、みずから終えるまで待ってみる」ことを試してみるとどうなるでしょう。心配？　ドキドキしちゃう？　永久に終わりそうにない？　でも、大丈夫です。いずれ終わります。自分で「終わり」を決めて終えるとき、子どもはグンと成長した様子になっていることがあります。

おうちで2歳〜3歳くらいの子どもと一緒にごはんをつくるとき、「子どものつくるメニューが食卓にのぼっても、のぼらなくても、どちらでもよい」とすること。子どもの「味噌とだし汁をまぜたい」が終わらないのであれば、存分にやってもらう。大人は、新しい味噌を出して、味噌汁はつくってしまう。子どもがまぜてくれた味噌はラップして冷蔵庫に入れ、翌日に使う。そんなことを教室では提案しています。

子どもどうぐ

ボウル　　すりこぎ

おとなが

①野菜などいろいろ用意しておきましょう。

②ボウルに味噌、酢、マヨネーズを入れて、すりこぎで味噌を**つぶし**つつ、よく**まぜる**。

③②に豆腐を入れ、すりこぎで細かく**つぶす**ように**まぜる**。

④生野菜、温野菜、ゆで卵などにつけていただく。あなただけの新しい組み合わせを見つけてみては？

まぜる

豆腐ディップ

おいしいけれど原材料の７割強が「油」のマヨネーズ。
ヘルシーさとおいしさをプラスしたくて、
「味噌」のコクと、「豆腐」の大豆のうまみをプラス。
とってもおいしいディップになりました。
ただただ、まぜるだけでできるので、
いま、「まぜる」がブームの子どもにピッタリです。

〈材料〉つくりやすい量

もめん豆腐※　１００g（３～４分の１丁）
味噌　大さじ２
酢※　小さじ１
マヨネーズ　大さじ３

※豆腐は水切りしなくてＯＫ
※米酢、りんご酢などお好みの酢

子どもどうぐ

ボウル　マッシャー　スパチュラか ゴムベラ

おとなが

①じゃがいもは適当な大きさに切り、蒸し器に並べて強火で10分蒸す。串を刺してスッと通ればOK。

POINT

翌日は、そのままでもおいしいですし、トースターで温めなおしてもGOODです。

②蒸したじゃがいもをボウルに入れて、マッシャーでつぶす。

③②になたね油と豆乳を入れて、スパチュラでよくまぜる。

④ボウルにAを入れて、よくまぜる。そこに③を入れて、ひとかたまりになるまでまぜる。4つに分割して、厚さ2cmの丸い形にして、オーブンの天板に並べる。

おとなが

⑤180度のオーブン(※)で、20分焼く。

※ガスオーブンの場合。電気オーブンの場合はP.24を参照。

⑥冷めたら、ビニール袋や容器に入れて乾燥を防ぐ。

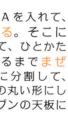

まぜる

じゃがいものクイックブレッド

「食べたいぞ」と思い立ったらすぐにつくれる、まさにクイックなブレッド。
焼きたては「外ガリッ、中ふわっ」がおいしい。
じゃがいものおかげで、翌日もやわらかさキープ＆美味。
つぶす、まぜる、形をつくる。
オーブンに入れる手前まで、子どもにまかせられるのもうれしい。

〈材料〉4個分

蒸したじゃがいも　100g（正味・1個見当）
なたね油　小さじ2
豆乳　50cc
A
- 薄力粉　100g
- ベーキングパウダー　4g
- 砂糖　小さじ4
- 塩　ひとつまみ

道具の工夫

子どもが「やりたい！」となる道具選びのポイント

①子どもが扱えるサイズであること

子どもの手のサイズに合っていて、子どもの力で使えることが必要です。たとえばトング。握る部分の幅が子どもの手に合うか、子どもが握れる固さかをしっかり確かめて。わざわざ子ども用を探さずとも、サイズが合えば大人用でOKです。

②本物であること

落とすと割れる陶器やガラスの器を運ぶとき、子どもの目つきは真剣、歩みはゆっくり。本物の道具は「モノの扱い方」を子どもに教えてくれます。陶器、ガラス、木製、金属製、プラスティック製など、食器や道具にはいろんな材質がありますよね。子どもだから「割れないモノ」にするか、あえて「本物」にするかで、子どもの体験の質はずいぶん違ってきます。

子どものための道具の例

踏み台：子どもが「コンロに置いた鍋を上からのぞき込めるくらいの高さ」が目安です。高さ50cmの踏み台であれば、身長95cmの子どもは145cmになります。また、立つ面が広い踏み台は、子どもが安心して作業に集中できます。

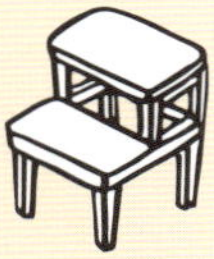

トング：できた料理を皿に取り分けるためのトング。「握る部分」が、子どもの小さな手で握れることがポイント。開きすぎていると握れません。洗たくバサミに興味が出はじめたころには、角砂糖をつかむシュガートングも楽しい。

マッシャー、すりこぎ：面が広い大人用のマッシャーは、圧力が弱くなるため力が必要です。すりこぎや、無印良品のマッシャー（小）は面が小さく、圧がかかりやすいので、力の弱い子どもにもつぶしやすい。

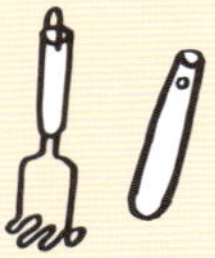

オーブンについて

本書でのオーブン利用のレシピはすべて「ガスオーブン」です。「電気オーブン」の場合には、設定温度を高めにするとよいでしょう。たとえば「200℃で焼く」であれば、予熱「240℃」で、天板を入れたら「220℃」に設定して焼く。オーブンによってクセがありますので焼き上がりをチェックして、オーブンのちょうどいい温度設定を見極めましょう。

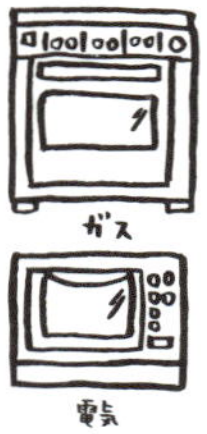

おはなし

「おやおやスーツが届いたら」

さて…、毎日あわただしいある日、
だれからか、よくわからないけれど
何か届いたようです。

「おやおやスーツ」です。ぜひ着てください。

と書いてありますが、着たら何かがわかるのかしら？
とりあえず試してみることにしました。

なんだかこのごろ、
子どももとうまくいかないのよね……。

なにこれ？

なんと、着たら何も話せなくなりました。
そのうえ、木になったような
気になっていたのです。
10時までにお料理教室に
行かないといけないのに、どうしたら!?
遅刻はいやなのよ。
もう……!!

あー!
はやくしてよ!!

まつ

なんとか時間には間にあったわ。
でも……私が何か言うより
自分のペースだと自分の用意はできるみたい。
しかし作業が遅い……。
次の工程はたくさんあるのに
同じことばかりずーっとしてる。
なんで!?
もしかして、そんなにこねる作業が好きなの？

もう、いつまでやってんの！

みる

わー、ちゃんと手を見てよ。
あぶない！　切れる！
お話ししてたらだめでしょ！
えっ？　私がしゃべりかけてるって？
だって言わないとわからないでしょ？

ちゃんと見てやりなさい！

だまる

もう少しでできるのね！
あー、長かったぁ。
最後に失敗しないでよ。
おいしく食べられるものをつくってよね。
ぐちゃぐちゃはいやよ。
待ってたんだから。

きれいにしないとだめ！

かくれる

やっと完成したわね。
ほんとハラハラしたけど、私がいなくても
ちゃんとつくれることがわかったわ。
すごい！　天才！
もう、最高！
私もよくがんばったと思うわ。
この調子で家でもやってね。

できたやん！
できたやん！
できたやん！

みとめる

だれだかわからないけれど
「おやおやスーツ」をありがとう。
おかげでほんの少しだけ、わかった気がします。
子どもが何かしようと思っているところを
私が邪魔していたような気がするわ。
木になっててよくわかった。

親として私も成長しなくては！

みまもる

またね〜
つぎはドコにいこかな〜
おおきなこころでみまもるわ♪
ちょっと…
ちゃんとかたづけてよ…
ちがうちがぅ!
ぐちゃー
にぎにぎ

コラム　声かけは具体的に

こどもにわかるよう具体的に

「ちゃんと」「キレイに」「しっかりと」という言葉、よく使っていませんか？

　子どもは、こうした抽象表現をあまり理解していないことがあります。体験を重ねた人は、「キレイに」がどういうことなのかを「具体的に」知っていますが、体験のない人には、「キレイに」がどういうことなのかわかりません。

　たとえば、「ホワイトボードを〈キレイに〉消す」は伝わりにくい。「キレイに」を具体的にいうと、「ペンで書いた〈黒〉がひとつも残らないように」です。これをさらにシンプルにして「黒がひとつもないように、消そうね」と言うと、2歳前後の子どもたちにもすごく伝わります。喜々として、書き残しの黒を見つけては消す姿があります。

コラム

あなたはどのタイプ？

子どもが慣れない手つきで靴を履こうとしているとき、あなたは？

A　すかさず手伝う

B　「右の靴はどっちかな〜？」と声をかける

C　じっと待ってみる

●Aタイプのあなたは？

「私がやらなきゃ、子どもにはムリ」と思っているしっかり者。でも、子どもが「やりたがる」のは成長のチャンス。子どもは大好きなお父さんやお母さんがやっていることは、自分もできるようになりたい、と本能的に思っている。子どもが自分でやろうとしていたら、手伝わないで、待ってみて。

●Bタイプのあなたは？

「なんでもがんばっちゃう」がんばり屋さん。小さな子どもは、言葉で説明されるよりも、やり方を見せてもらうほうが、ずっと理解しやすい。また、やっている最中の子どもに声をかけると、その声に気をとられて手がうまく動かせなくなることも。子どもがやりはじめたら、自分ががんばりたくなる気持ちは少しおいて、静かに待ってみて。

●Cタイプのあなたは？

「待つと決めたら、じっと待てる」意志の強い人。それか、自分もゆっくりペースな人？　もしかして、子どもを急かしたら、大変なことになっちゃった過去がある人？　待っているあいだに、子どもの顔をそっと見てみて。その真剣なまなざしに、成長を感じるはず。

むく・まく

完成よりプロセスを楽しむ

子どもには、玉ねぎの皮などを「むく」のが好きな時期があります。「親指と人差し指をぴったりとあわせたままひっぱる」という動作に興味が出てくる時期です。

「ラップ」は子どもが大好きなアイテムですが、「ラップをはがす」のも「むく」動作のひとつです。

ラップは透明で、どこを持てばいいのか見当がつかず、子どもは長い時間をかけて格闘します。ちょっとやそっとじゃあきらめられないくらいに好き。「むく」ときには親指と人差し指をピッタリ合わせますが、これは「一指と一指の対応」といって、動物のなかでは人間だけができる動きです。生まれたときにはできないこの動きを、子どもたちは道ばたで小さな石をつまんだりするなかで獲得していきます。

「まく」動作には、さらに指の力やコントロール力が要求されます。だから、春巻きの皮をまくときに、うまくいかなくて、形がくずれることもあります。でも、それをやりとげたときの子どもたちは、心底満足げな顔つきをしています。

子どもは「完成品」が大切なのではなく、「動作をしているプロセスそのもの」を楽しんでいるからです。つまり「最後までやれた」ことに満足していて、ぐちゃっと形がつぶれても、それを失敗とは思っていません。

まけるようになるまで、何度も何度もチャレンジを続ける姿もよくあります。

教室では、まき終えた寿司を「もう一回!」といって、海苔をはがしてまでまこうとする2歳さんもいました。

大人と子どもとでは、やはり「料理」のとらえ方がまるっきり違うのですね。

子どもどうぐ

ピックとつまようじ　ボウル　お鍋　網じゃくし　バット

①トマトのヘタをとり、水でよく洗う。

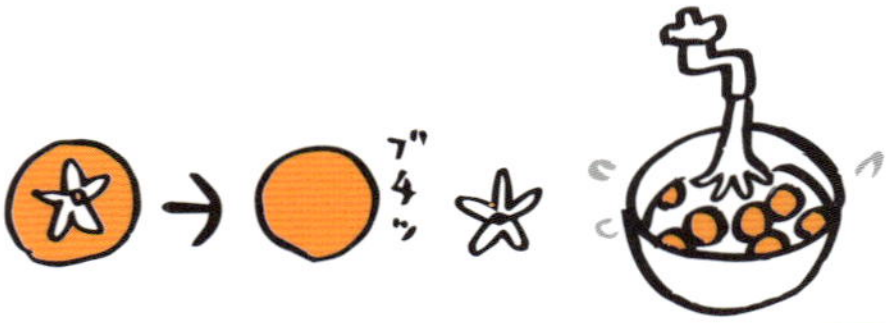

②トマトに２～３か所、つまようじで穴を**開ける**。

おとなが

③鍋にお湯を沸かして火を止める。
ボウルに氷水を用意する。

④網じゃくしにトマトをのせて、鍋のお湯の中に沈めるように入れる。

⑤30秒数えたら、網じゃくしでトマトを**引きあげて氷水の中に入れる**。

⑥トマトの皮を**むく**。

⑦お皿にトマトを並べ、オリーブオイルをかけ、ピックを**刺す**。

安全で楽しい作業のために

ボウル・ザルに「鍋ごとザバ～ッ」と大人はできますが、子どもはできません。網じゃくしを使うと、金魚すくいのように引きあげることができます。

アレンジメニュー
ミニトマトの甘酢漬け

準備
水、酢、砂糖を鍋に入れて火にかけ、砂糖を溶かしてから火を止めて冷ます。

①～⑥はミニトマトのマリネと同じ。

⑦準備しておいた甘酢にミニトマトを漬けこむ。

〈材料〉

ミニトマト	1パック
水	100cc
酢	100cc
砂糖	100cc

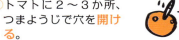

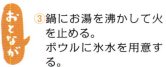

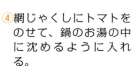

まむくく

ミニトマトのマリネ

そのままでもおいしいミニトマト。
でもちょっとひと手間かけると、まったく違ったおいしさに出会えます。
網じゃくしですくう、熱いところから冷たいところに移動させる、
そして指先でむく。子どもはこの動きが本当に楽しいみたい。
何個も何個も、飽きることなくやり続けます。

ミニトマトの甘酢漬け

〈材料〉
ミニトマト　1パック
オリーブオイル　適量
※アレンジメニューは右ページ参照

ミニトマトのマリネ

子どもどうぐ

おとなが

①ごはんにトマトケチャップをまぜあわせ、４等分にする。

②枝豆をさやから**出す**。

③ボウルにはった水にライスペーパーをくぐらせて、まな板の上に置く。

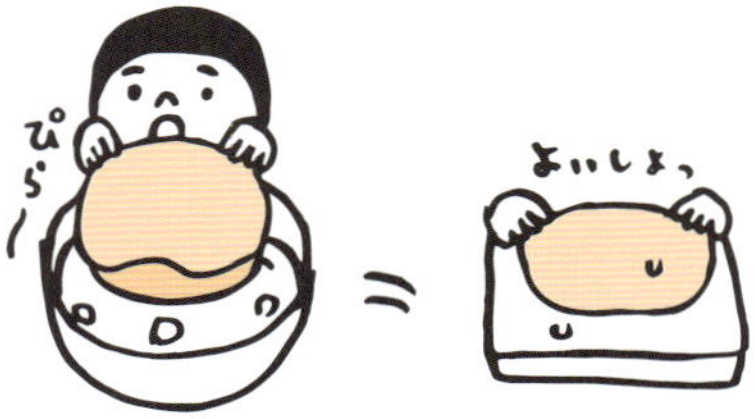

④ライスペーパーの中央に、①と②を置く。手前から向こうに、次に左右を折りたたんでから、**まく**。

⑤フライパンになたね油をしき、④の春巻きを少し間隔をあけて置いていく。

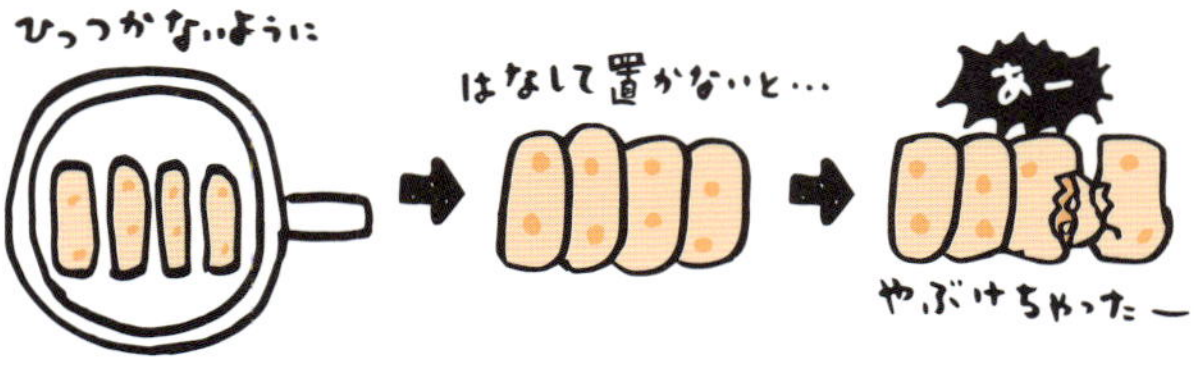

おとなが

⑥⑤を中火にかけて、色づいたら裏返し、両面に焼き色がつけばできあがり。

まむくく

ケチャップライス春巻き

油で焼けば、外はカリッ、中はモチッの米粉の春巻き。
ライスペーパーは、水でしめらせると、ものすごくやわらかくなります。
まく作業がゆっくりな子どもたちがつくると、
形がくずれることもあるけれど、焼き上がれば、カリカリ、モチモチ！
このおいしさをとくとご堪能あれ。

〈材料〉4個分

ごはん　軽く茶碗1杯（120g）
トマトケチャップ　大さじ1
ライスペーパー　小4枚
ゆでた枝豆　お好みの量（今回は10さや程度）
なたね油　適量

子どもどうぐ

おとなが

①春巻きの皮をはさみでカットしておく。

②枝豆をさやから**出す**。

③カットした春巻きの皮（以後、皮）の中央に、枝豆を４～５つぶ並べ、チーズ少々を置く。

④指先に水をつけ、皮の四辺に水をぬる。

⑤まき寿司のように、皮を手前から持ちあげ、枝豆を乗り越えてむこうの皮に着地させて、**まく**。

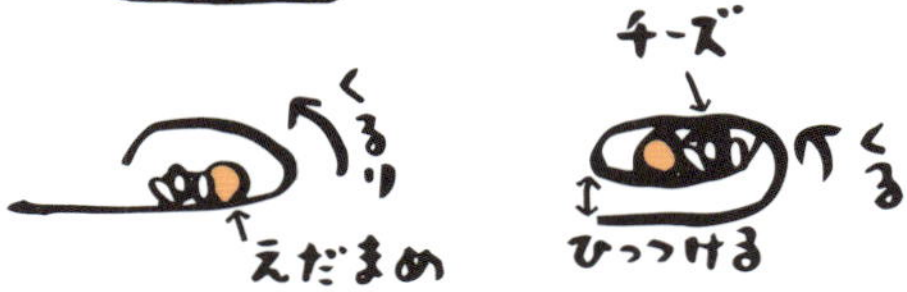

⑥左右の端のすきまをなくすように、指でしっかり**押さえる**。

おとなが

⑦ 170℃の油で１分ほど揚げる。

まむくく

枝豆チーズスティック

枝豆をさやから取りだす楽しさ。
皮をまいて、両端をギュッと指で押すときの、みなぎる自信。
子どもたちのつくる姿を見ているこちらも楽しくなっちゃいます。
揚げたら、もう最高においしいスティックに。
子どもに大ウケのこんなおやつ、大人も食べたい！

〈材料〉4個分

春巻きの皮　1枚
ゆでた枝豆　10さや程度
なたね油　適量
シュレッドチーズ　適量

調味料と食材の選び方

料理がおいしくなるかどうかは、調理の腕以上に食材の力にかかってきます。また、調味料の味はメーカーや素材によって千差万別。この本のレシピは、左にあげるものを使っています。塩と砂糖は、精製されていない「粗塩」「粗糖」がおすすめ。味わい豊かで、不足しがちなミネラル分も補えます。子どもの敏感な舌と一緒に、あなたの家のお気に入りの味を探してください。

しょうゆ
（山久の杉樽仕込醤油）

濃口しょうゆ。原材料は、大豆、小麦、塩とシンプル。じっくりと樽で2年寝かせて、自然なうまみをたっぷり含んだしょうゆです。チャーハンにも、隠し味にも、さしみしょうゆとしても。すまし汁には「うすくち」を使います。

米酢
（村山造酢の千鳥酢）

メーカーや素材によって、味は千差万別なのが酢。酸味が際立つもの、米のうまみがしっかりしているものなど、いろいろです。ほどよい酸味が気に入って、私はこの千鳥酢を使っています。

無調整豆乳
（キッコーマン、マルサンアイ）

「豆腐ができる」と書かれているものは濃度が濃いので、料理すると大豆の味が立ちすぎます。料理やお菓子には、ほどよい濃さの無調整豆乳を使っています。

なたね油
（よつばのなたね油）

触媒を使わず圧搾式でつくられた油は、鮮度が高いのでくり返し使えます。ドレッシングにしろ、揚げ物にしろ、油の味ひとつで、料理のおいしさが大きく変わります。

春巻きの皮
（金子製麺）

ぎょうざの皮のような春巻きの皮。しっかりと小麦の味がしておいしい。小麦粉ベースの春巻きの皮は、薄いタイプよりも、こうしたしっかりとした皮の方が、子どもも扱いやすくて楽しいでしょう。

ライスペーパー
（ユウキ食品）

米粉とタピオカ粉でつくられた、ベトナムの生春巻き用のライスペーパーです。「生」の他、揚げたり、焼いたりしてもおいしい。春巻きの皮とはまた違った感覚で、まくのが楽しいライスペーパーです。

コラム

大人のスピード、子どものスピード

ご存じかな？　子どもの「ゆっくりさ加減」を。
2歳や3歳の子どもたちは、大人の5倍〜10倍くらいの時間をかけて、作業する。
大人が1分なら、子どもは5〜10分。
たとえば「1枚の海苔を手でちぎる」(もみのりにする)作業。大人なら30秒。
子どもだと……ゆっくりとちぎって、ゆっくりと。
いつになれば終わるのよ……。だんだん不安になる。
緊張が走る。イライラがつのる。そして最後には……
「はやく〜〜〜!!」になっちゃう。

●ゆっくりが待てなくて
↓**はやくー！**
●お手本どおりじゃないから
↓**こうするのよ。それ、違う！**
●いつまでも作業を終えないから
↓**はい。もうおしまい！**

●そのとき、子どもはどうなった？

1. やらなくなる・やる気を失う
2. 怒る
3. すねる
4. 雑にやるようになる
5. いつも大人にやってもらいたがるようになった

●忍の一字で、だまって子どもを見てみたら……

真剣な顔つき。
うまくはないけど、ていねいにしてる。
まだ自由に手や指を動かせないだけなんだ。

だまって、様子をみていると

子どもの本当の姿がみえてくる。

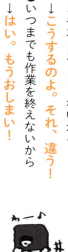

台所しごとQ&A②

Q. 包丁はいつから始めるのがよいですか?

身体能力があるか、危険を認識する理解力があるか。この条件をクリアしたうえで、子どもがやりたがるときがはじめどきです。小学生からでもOKです。

包丁を使いはじめるのは「早いほどよい」というわけではありません。はじめるまえにみておくべき重要なポイントが2つあります。

ポイント1　身体能力があるか

子どもが包丁を扱うための手・手首・腕を、自分の意志で自由に動かすことができるか、です。これは、日常生活を営むなかで、自然と身につけていくものです。

以前、料理教室に参加した4歳の女の子。その日がはじめてと思えぬ見事な手つきで、かたい野菜もスッスッと切っている。彼女は包丁を扱うために必要な体の動きを、それまでの日常で体得していたのですね。

10か月の赤ちゃんにはもうすでに、自分で食べようとしたり、コップの水を両手を使って飲もうとしたりする姿があります。つまり日常生活に「鍵」があ

るのです。子どもが「自分の意志で、自分で食べる」ことが、子どもの手や手首の「動き」をつくっていきます。

たとえば、スプーンを使っておかずをすくう、みずから口に運ぶ。これを1日3食とすれば、1年間で1000回を超え、2年間では2000回を超える体験の量となります。食事以外にも、ビンのフタを開ける、ドアのノブを回す、ティッシュペーパーをひっぱる、クレヨンなどで描く、まっすぐ座る、歩く、走るなど、手や手首、腕や体を使う体験のすべてが、包丁作業の基礎になっていきます。

ポイント2　理解力があるか

私は、わが子たちの2歳の誕生日に包丁をプレゼントしていました。小ぶりだけれどよく切れる、本物の包丁です。次女のときも本人は大喜び。ところが、彼女が包丁を持った瞬間、私は背筋が凍りました。刃を上に向けて切ろうとしているのです。もちろん即座にストップ！「刃」と「みね（背）」の区別ができなかったため断念し、包丁は半年間封印しました。

包丁使いをスタートするときには、「どこが危なくて、どこが安全かを見分ける理解力があるか」も重要なチェックポイントです。

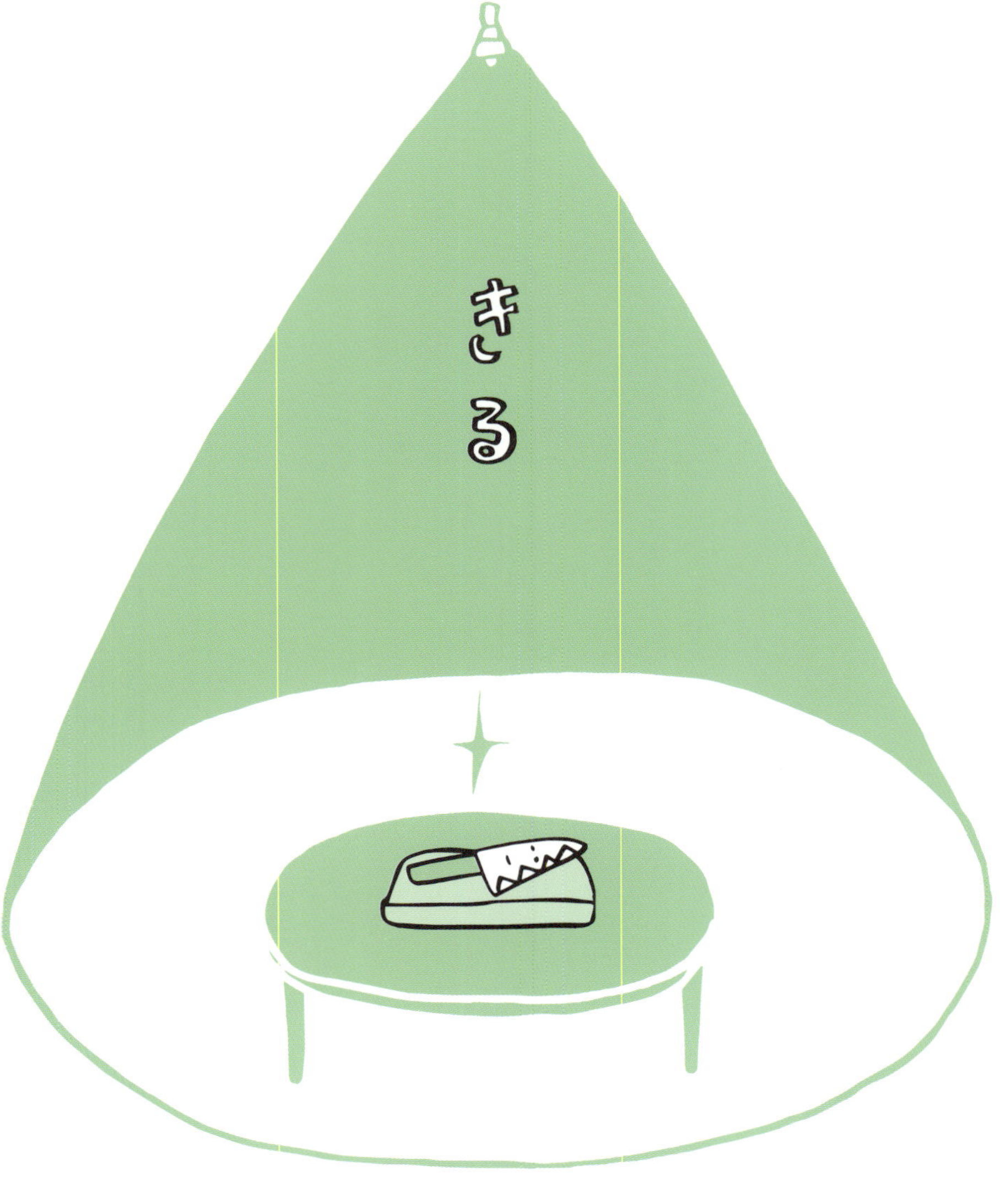
きる

刃物を持たせたら 忍の一字

こどもキッチンでは、2歳からのクラスで包丁を使います。

きゅうり、大根など切りやすいものから、かぼちゃなどのかたいものまで使いますが、食材はあらかじめ切りやすい状態に準備しています。荒々しく切る子、慎重に切る子、子どもによっていろいろです。

子どもが包丁を使うのは、見ている大人側にとってハードルの高い作業のようで、ハラハラドキドキ……、心拍数はうなぎ登り。思わず「上手、上手！」と健闘をたたえたくなるし、危なかったら「こうするのよ」と伝えたくなります。

けれども、ここは忍の一字。もちろん危険なときにはストップしますが、そうでないときには、静かに見守るのが一番です。子どもは目で見て、手を動かして……と2つのことを同時にやることに全力を注いでいるので、ここに耳からの情報（大人の声かけ）が入ると、包丁作業への集中を欠いて、ケガをすることもあるからです。

かつて、きゅうりを切るわが子（当時2歳）が危なっかしく見えて「それはこうよ！」と声をかけたら、そのとたんにケガをさせてしまった――そんな私自身の体験からの提案です。

刃物はまだはやい？

包丁の使い方

刃ものを安+全に使おう

①子どものための包丁選びのポイントは3つ

（1）小ぶりサイズ
刃が長いだけで危険度が増すので、サイズは最重要課題。私は刃渡り10cm～12cmのものを用意します。

（2）大人用と同じ形
両刃で、大人の包丁と同じ形のものを。

（3）よく切れる
料理を心地よくするため、安全のためにもよく切れる包丁を使いましょう（P・67「道具が教えてくれる〈安全〉」参照）。

この3つがそろっていればOK！

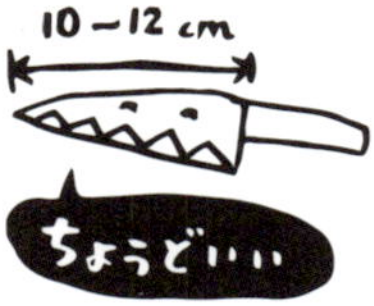

★注意
ペティナイフや果物ナイフは、皮をむくときにはよいですが、力が入りにくいので、包丁として使うには不向きです。

②切り方のポイント

切りたいものに「よく切れる包丁」の刃をあてたら、スッと刃を滑らせるように切ります。

きゅうりなら、手前から向こうに滑らせるように切ります。

③まな板は大きいもので。すべり止めを敷こう

まな板は薄いプラスティック製のものから重い木製のものまで、いろいろあります。面は大きめのほうが子どもも扱いやすい。

そしてなによりも、テーブルの上で「動かない」ようにすることがポイント。木製のものも思いのほか、つるつると動くことがあります。すべり止めマットや、ぬれたふきんをまな板の下に敷くと安定します。

④何が危険で、どうすれば安全かを伝える

（1）触れれば切れるところは持たない。

「刃は絶対に指では触らない。指が切れるから」

（2）どこを持てば安全か。

「持つところはココだよ」

（3）左手はどうする？

「食材が動かないようにしっかりと押さえるよ」

大人がこの3点を伝えて実際にやってみせてから、子どもの作業スタート。

★注意

あきらかに危険なとき、刃が左手にあたる、刃を「上に」向けて切ろうとするといった場合だけ、すぐにストップをかけます。

⑤切りはじめたら声をかけない

危険がないかぎりは、大人は黙っているほうが、子どもは安全に作業ができます。目で見て手を動かすことだけで精一杯の子どもたち。声をかけられて耳に気をとられると、手に意識がいかなくなり、ケガをすることも。子どもが包丁を使いはじめたら、あとは、見極めつつ見守ります。忍の一字です。

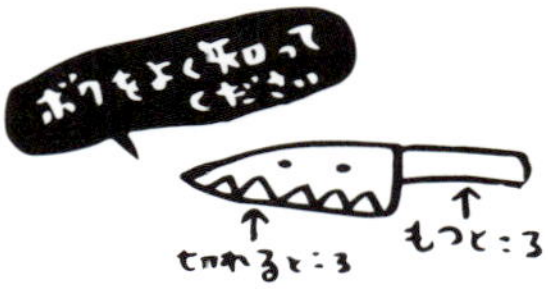

⑥はじめの第一歩

最初にきゅうりで試してみましょう。縦半分に切っておくと、転がらないように左手で押さえなくてもよいので、右手に意識を集中させることができます。

「どこを持つのか」「どう刃を動かすのか」「力加減は？」「切れてるかな？」

子どもは一つひとつを確認しながら、ゆっくり作業をします。たまにサッと切ろうとする子どもがいますが、これは、お母さん・お父さんのマネをしているのです。

⑦いろんなものを切ってみよう

十分に練習してきゅうりがスッと切れるようになったら、にんじんやかぼちゃなど、かための野菜にもチャレンジ。かたいものは、人差し指を包丁のみね（背）に置いたり、左手をみねの上に置いて押すと切りやすくなります。

※このページの右手、左手の表現はすべて「右利き」を想定しています。

子どもどうぐ

包丁　すべり止めマット　まな板　ピックかつまようじ

おとながやること

①きゅうりを縦半分に切っておきましょう。

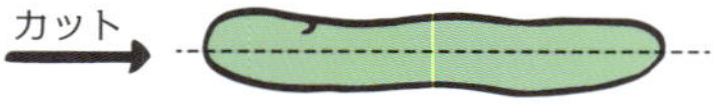

②きゅうりを好みの幅に**切る**。これが半月切り。

↑よこから見た感じ

③お皿に盛りつけ、塩を指でつまみ、ふりかける。

④ピックを**刺して**完成。

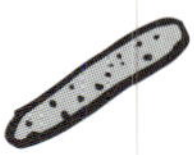

きゅうり　易　1　2　3　4　5　6　7　難

難易度

にんじん

包丁に慣れてきたら、にんじんピックに挑戦！

はじめての包丁メニュー

きゅうりピック

はじめて包丁を使うときに、ぜひ試したいきゅうりピック。
コロコロ転がらないように縦半分に切ったきゅうりは、包丁練習にピッタリ。
切れたらきゅうりにピックを刺す、この作業、子どもたちは大好き。
ほんのり塩味のきゅうりは、おやつにも、ビールのおともにも◎。

〈材料〉
きゅうり　縦半分に切ったもの
塩　小さじ¼

子どもどうぐ

包丁　まな板　すべり止めマット　オーブンシート　スプーンか はけ

おとなが

①なすは縦半分に切り、さつまいもやにんじんなどかたい野菜は7㎜厚の輪切りにしておく。

②野菜を**切る**。なすは、きゅうりで練習した半月切りで（P.58参照）、1㎝厚を目安に。
さつまいも、にんじんは半分に**切り**、半月切りにする。
ミニトマトはヘタを取っておく。

③オーブンの天板にオーブンシートをしき、野菜をのせる。

④オリーブオイルを**ぬる**。
「はけ」でぬりつける。
「スプーン」の場合は、少しずつ野菜にかける。

⑤④の野菜に塩をふる。

おとなが

⑥200度のオーブン（※）で、12分焼く。

※オーブンはガスオーブン使用の場合です。電気オーブンの場合はP.24を参照のこと。

⑦竹串などで刺してスッと通ればOK。かたいようであれば、さらに2分くらい延長して焼く。

⑧こんがり甘い野菜ができあがり！

POINT

- ほかに、エリンギ、えのき、大根、白菜、かぼちゃなどもおいしい。
- 子どもが厚く切れば、火は通りにくくなります。焼き上がったかどうかのチェックを忘れずに。
- なすは切りやすい、にんじんは切りにくいなど、野菜によって切りやすさにはずいぶん違いがあります。子どもの能力にあわせて野菜をセレクトするのもいいでしょう。

きる

野菜のオーブン焼き

いろいろな種類の野菜を切りたい。もっと切る練習をしたい。
そんなときにはこれ！　なすのようにやわらかめの野菜から、
にんじんなどのかためのものまで、存分にどうぞ。
つくり方はとってもシンプルなのに、焼き上がったらごちそうに大変身！
野菜をおいしくしてくれるレシピです。

〈材料〉４人分

お好みの野菜　（１人あたり１００g程度となるように）
さつまいも　２００g（１本）
にんじん　40g（小½本）
なす　１００g（１本）
ミニトマト　８個
オリーブオイル　適量
塩　適量

ピーラーの使い方

刃ものを安＋全に使おう

ピーラーは形がかわいいので、包丁よりも安全なように見えるけれど、刃を触ればケガをします。見た目からは危険性がわかりにくい道具です。

①どうすれば安全で、どうすれば危険かを伝える

どこを持てば安全か、子どもと一緒に確認しよう。刃は包丁と同じでよく切れるので、手では触らないことを伝える。

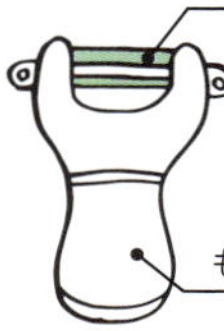

②まな板の上に具材を置く。食材の真ん中からスタートして皮を引く

ひらひらきゅうり

子どもどうぐ

ピーラー

ボウル

①きゅうりをまな板に置き、ピーラーでうすく引く。

②うすい塩水（200ccに小さじ１程度の塩）につける。

③しなっとしたら、軽く水気をしぼり皿に盛る。

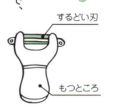

コラム

道具が教えてくれる〈安全〉

こどももほんもの使えます!

「子ども用」の〈安全〉な包丁は「ギザ刃」になっていたり、わざと切れ味を悪くしてあったりします。でも、これで練習を重ねると、必要以上に「力で押す」切り方が身についてしまうことがあります。よく切れる本物の包丁を使うときにも、やたらと力いっぱい包丁を握りしめ、ぎゅうっと押しつけるように使ってしまうのです。

ままごと用の「おもちゃの包丁」も同様です。「刃を触っても指は切れない」と体験から学んでいるので、平気で刃を触ることもあり、かえって危険です。

危険なものを安全に扱えるようになる最大のコツ。それは、包丁ならば「よく切れる本物で何度も練習すること」――これにつきます。本物の道具こそが、〈安全〉を教えてくれるのです。

台所しごとQ&A③

Q.子どもが安全に火を扱うためのポイントを教えてください。

子どもが危険なことをするのは「体験が不足」しているからです。

私たち大人は、子どもを危険な目にあわせまいとして、危険なものから子どもを遠ざけようと躍起になります。ストーブ、お湯を沸かしているやかん、オーブンから取り出した熱々の天板。そこに子どもがやってくると「触らないで！」と注意します。それは必要なことなのですが、いつまでも体験することがなければ、永遠に扱えるようにはなりません。いまはコンロがＩＨのお宅も多いでしょう。赤ちゃんのときから、ずっと火を見る体験がないままに大人になった27歳の女性は、火を見ることができません。火を見ることそのものが恐怖なのです。また、クッキングペーパーなど「燃えやすいモノ」をコンロのそばに置いて平気な人もいます。引火の危険が想像できないのです。

２歳～未就学児の親子料理教室でガスコンロを使って調理するときには、火をつけるまえにルールを伝えます。「つけるのと消すのは大人のしごと。子どもは触りません。大人が触ります」「黒いところ（持ち手、フタのつまみ）は触って大丈夫。だけど銀色（鍋本体）は触ったら熱いから触らないでね」。

そして火をつけると子どもたちは興味津々で、鍋の下の「火」をのぞき込みます。青だ、赤だ、熱いんだよ……、いろいろなことを言いながら、ジッと火を見ています。むやみやたらに鍋を触りにいこうとはしません。どうしたら安全か、何をしたら危険かを

小学生はとくに「火」に興味関心が高まる時期。カセットコンロでの調理、キャンプやバーベキューで炭をおこしたり、たき火をしたり。火に接する機会を生かしましょう。

もう知っているからです。そして「火」に大きな関心を寄せます。

いまのコンロはスイッチひとつでカンタンに火がつきます。ですから、幼少期の子どもを家庭の台所に招き入れるまえに「火の扱い」については、あらかじめルールをつくっておく必要があります。

たとえば、「親と一緒にだったらコンロで調理してよい。でも火をつけるのは大人。消すのも大人。子どもはスイッチを触らない」「一人で火を使って料理するのは小学生になってから」など。そうすれば、子どもがコンロのスイッチに手をかけたとき、落ち着いて「子どもは触りません」と伝えることができるでしょう。ルールがなければ、「どうしたらいいのだろう」と迷っているうちに、子どもはコンロの火をつけてしまいます。

子どもに「熱い」を知ってもらうための体験は手軽にできます。たとえば冬に鍋料理をするときや、ふだんの調理で鍋を火にかけるとき、などはチャンスです。フタをあけて湯気を飛ばしたあと、鍋からはるか上、50㎝のところに手をかざすと「ちょっと熱い」、30㎝くらいだと「さっきよりも熱い」、10㎝だと「熱い」です。少しずつ下げていって、「ここにつけたら熱くてヤケドするから、ここは触らないでね」と伝える。こうすると子どもは、どうしたら安全で、どうしたら危険なのかを瞬時に把握します。

手を鍋に少しずつ近づけるたびに、熱さがしだいに増すのですから、鍋の中に手を入れればどうなるのか、想像がつくのです。

「熱い」と感じる触感覚も五感のひとつ。子ども自身の五感を使えば、「言葉だけ」で伝えられるよりもずっと具体的で説得力があります。

おやつ

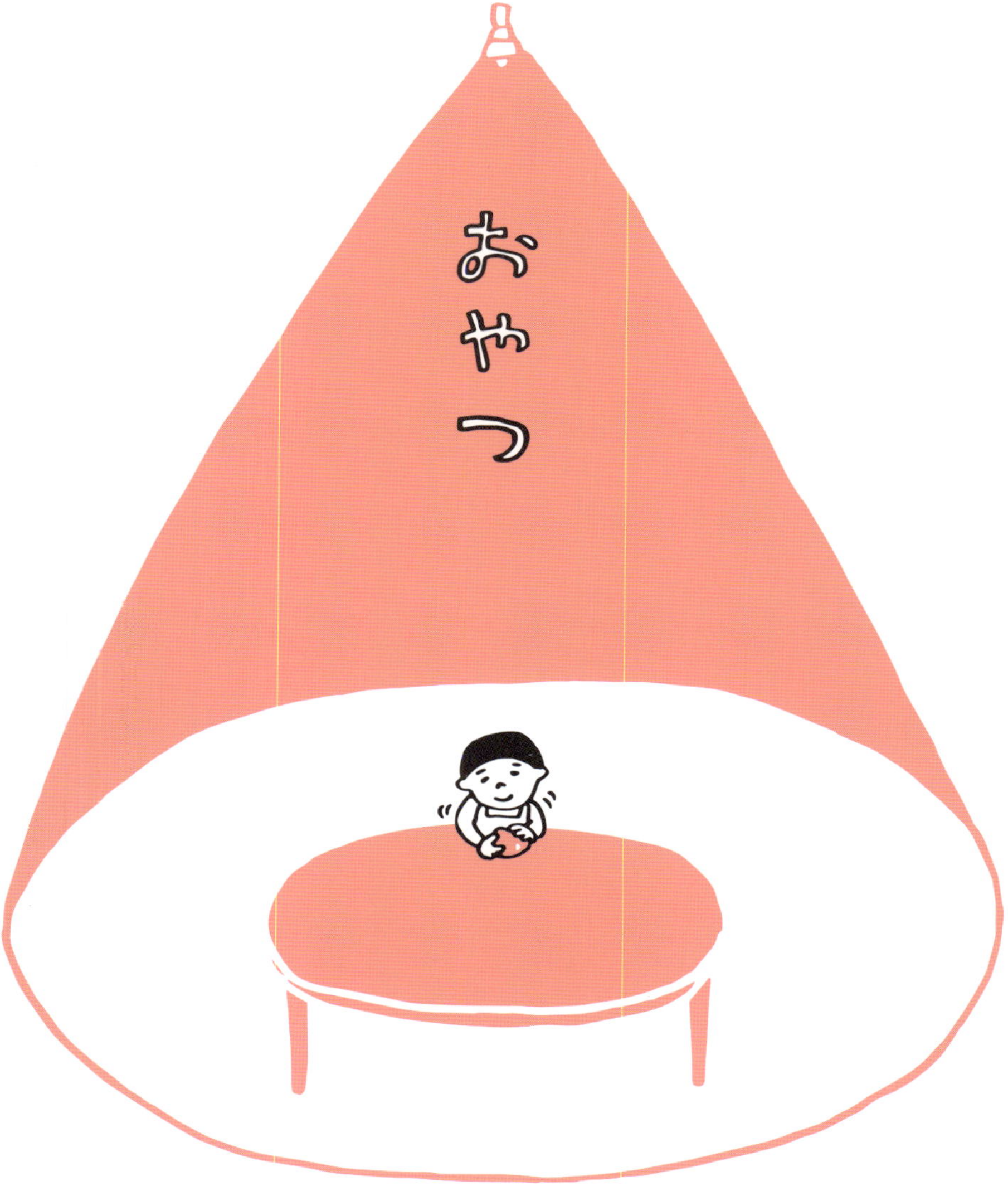

おやつは4回目の食事

「3時のおやつ」と聞くと、あなたは何を連想しますか？　疲れてホッと一息つきたいときの甘いおやつ？　小腹が空いたときのスナック菓子？

　大人はそうでも、じつは子どもにとってのおやつは違います。大人にくらべて胃袋が小さく、一度の食事ではそれほど量が食べられない子どもにとって、おやつとは、朝昼晩の3回のごはんでは足りないぶんを補うための食事なのです。つまり、4回目のごはんです。

　だとすれば、手軽なおやつとして、おにぎり、蒸したさつまいもなどもいいかもしれません。するめやこんぶも意外とおやつになるものです。

　もともと、おいしいお菓子には目がない私。あれば食べたくなるので、買い置きはしていません。おやつ食べよ！　と思い立ったら、パンケーキをよくつくります。材料は、粉（小麦粉、米粉）、卵、豆乳、ベーキングパウダー、砂糖、塩、なたね油。しっかりまぜてフライパンでじっくりと焼く。ときには子どもと一緒につくる。私の子どもは小学生になると、自分でパンケーキを何枚も焼いておやつにしたり、友だちにふるまったりするようになりました。

　砂糖は、精製された上白糖などよりもミネラル分を残した「粗糖」がオススメ。甘みのほかにうまみも加わって、お菓子もお料理もおいしくなります。

　長女はケーキをつくりながら、「こんなにどっさりと砂糖を入れるの？」と驚き、レシピを変更して、自分にちょうどよい甘みや味に調整しています。

　自分でつくるからこそ生まれる価値や、「買ったものを食べるだけ」の生活からは知りえないことがあるなと思います。

　ここでは「つぶす」「まぜる」といった作業をたのしみながら、手軽につくれるおやつを紹介します。

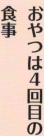

子どもどうぐ

すりばち　すりこぎ　ボウル　スパチュラかゴムベラ　バット　お鍋　網じゃくし

①いちごのヘタをとる。すりばちに入れ、すりこぎで**たたくようにつぶして**ピューレ状にする（つぶが残ってもOK）。

②豆腐を水切りせずにそのままボウルに入れて、すりこぎで**つぶす**。①を加えて**まぜる**。

③白玉粉を追加して、最初はスパチュラかゴムベラで**まぜる**。全体がまざったら、手でよく**こねる**。耳たぶくらいのかたさになるまでが目安。

④直径2cmくらいのだんご状に**丸め**、バットに置いていく。

おとなが

⑤鍋に湯を沸かす。

⑥網じゃくしの上に④を乗せ、鍋の中に入れる。

⑦いったん沈んだだんごがすべて浮かんだら、網じゃくしで氷水に**引きあげる**。

⑧水気を切って、お皿に盛る。こしあんやきなこをお好みで添える。

春色だんご

やさしい桜色のおいしいおだんご。
水は入れずに、こねて、丸める。
砂場で鍛えあげた腕前を発揮する絶好のチャンス。
できた！　楽しい！　おいしーい！
子どもの笑顔に、大人も思わず顔がほころぶ、ほのかな甘みのおやつです。
いちごのシーズンにはぜひ。

〈材料〉２皿分

白玉粉　70g
絹ごし豆腐　60g
いちご　30g
こしあん・きなこ　適量

子どもどうぐ

ボウル　すりこぎ　スパチュラかゴムベラ　計量カップ　スプーン

おとなが

①蒸し器で10分、かぼちゃを蒸す（強火）。

②蒸したかぼちゃをボウルにとり、熱いうちにすりこぎでつぶす。

③②にAを加えてスパチュラかゴムべらでよくまぜる。

④薄力粉を入れ、全体をざっくりとまぜる。

⑤大きいスプーンで生地をすくい、クッキングシートをしいたオーブン皿にのせる。手で生地を押して平らにし、スプーンの柄の先で3か所くらいに穴を開ける。

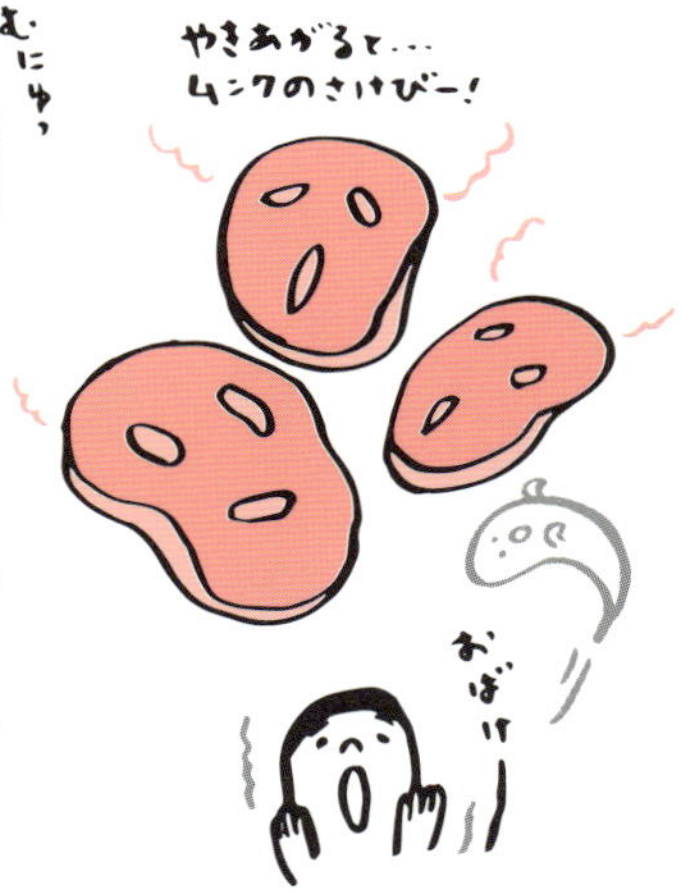

おとなが

⑥200度のオーブン（※）で15分焼き、網に取り出して冷ます。

※ガスオーブンの場合。電気オーブンの場合はp.24を参照。

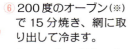

かぼちゃのクッキー

かぼちゃの甘みを生かしたおいしいクッキー。
かぼちゃの水分しだいでは、どろっとした生地になるけれど、
そのまま焼いて、やわらか食感のクッキーもまた美味。
バター不使用、砂糖もそんなに使ってないのに、どうしてこんなにおいしいの!?
子どもも大人もつくりたい、安心&美味のおやつです。

〈材料〉8個分

かぼちゃ（皮付き・正味）100g
薄力粉 100g
A
- なたね油 大さじ2
- 無調整豆乳 大さじ3
- 砂糖 大さじ2
- 塩 少々

台所しごとQ&A④

Q.忙しい毎日で、子どもに料理をさせる余裕がないので、まず洗い物をさせてみたいのですが。

教室では1歳児も台をふきます。手がふにゃっとしてる、でも、目つきは真剣。水がこぼれたとき、「こぼれたよ」と伝えると、子どもたちはサッとテーブルをふいています。

子どもは洗い物が大好きです。それだけでなく、ほとんどの台所しごとを喜んでします。

「料理するのはいいけれど、洗い物はあまりうれしくない」と思う大人は多いかもしれません。私もその代表格です。

こどもキッチンでは2歳〜未就学児のクラスでも、子どもたちは洗い物をします。喜んでやっている子どもの姿に、「子どもがこんなに洗い物が好きだなんて！」と、びっくりする大人は少なくありません。水を扱うのが大好きな子どもたちは、じつは、洗い物に目がありません。「もっともっとやりたい！」という気持ちがわいて、わくわくしながら、真剣にやっています。

また、できた料理をトレイに乗せて運ぶのもうれしいようです。「やってみる？」と誘って断る子どもはいなくて、ほぼ間違いなく全員がやろうとします。トレイで運ぶという動作は、「手でトレイを水平に保つ」「コップが倒れないように両手でバランスをとりながら歩く」「コップの水がこぼれないように目で確かめる」「テーブルに置く」と、いろんな運動能力

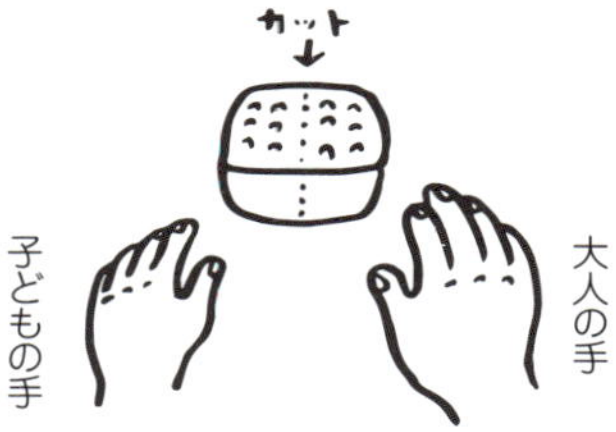

スポンジを半分に切ると、子どもの手のサイズにぴったり！

を結集してはじめてできる技なのです。大人からすると「こんなことがやりたいの？」と拍子抜けするほど、喜々として真剣に運びます。

　こんなふうに、子どもはあらゆる台所しごとが大好きです。箸を並べる、お茶を運ぶ、テーブルをふく、洗い物をする、食器をもとの場所にしまうなど、準備や片づけもぜひチャレンジさせたい内容です。「子どもに料理作業をさせる時間はない」という忙しい人でも、これなら可能、という台所しごとがあるかもしれません。できるところからはじめてみませんか？

子どもは自分の目線に入るものを扱います。たとえば、食器棚の上のほうにあった「茶碗」や「汁椀」。子どもの目線よりも下に置いてみたら、子どもががぜん、はりきって片づけるようになった、というようなことがよくあります。子どもに扱ってほしいものを、「子どもに見える＆手の届く位置」に置いてみる。ぜひお試しあれ。

コラム 子どもが水を好きなわけ

小さな子どもには、水を扱いたがる時期があります。1歳から3歳くらいまででしょうか？　じつはこれ、万国共通。

タイのチェンマイという村に旅行したときのこと。トイレ入り口に設置された水道にバケツを置いて、水をためて、おけでくみ出して……をくり返す2歳くらいの女の子がいました。暑いので、水が気持ちよいのでしょう。女の子は、水を出したり止めたり、そのあたりにまいたり……。最後には、自分がバケツに入ってお風呂のごとく楽しんでいましたが、勢いあまってバケツごとゴトーン！　わーんと泣いてしまいました。お友だちとのおしゃべりに興じていたお母さん、ようやく出動。そうか、そうか、よしよしって言っただけで、おしまい。ほほえましい風景やなぁ～としばらく眺めていました。

日本では、どうでしょう？「お水がもったいない」って、大人が止めていませんか？　公園でも、まわりの人に迷惑だからと、水遊びをやめるよう一生懸命に子どもを説得していませんか？

ワークショップに参加したお母さん。子どもが手を洗うときに毎回、「1、2、3、4、5、はい終わり！」とお母さんが水を止めていました。もう2年も、毎日続けている習慣だそうです……。

何名もの方にお試しいただいているのですが、子どもに「水出しのおしまい」を決めさせてみると、はじめは20分かけた子どもが、次は10分、その次には5分、3分、そして4回目か5回目には「ただふつうに手を洗っておしまい」となります。

というわけで、2年もお母さんが管理しなくてもいいんです。水を扱いたがる時期に、存分にやってもらうと、水への執着が思いのほか、早く終わります。

水を扱いながら、その音を聞いたり、温度を肌で感じたり、蛇口をひねったり、子どもは、いろいろ探究を深めています。水は命になくてはならないものだから好んで扱おうとするのではないかと、子どもたちの様子をみるにつけ、そう実感します。

あなたはどっち!?

しかし…
いつまでやってんのよ!!

4 とめる

またなのー

モヤモヤ

4 たえる

おしまーい

スッキリ

ごはんとみそしる

一汁一菜への道

アレコレ作らないといけない?!
いえいえ この2つで十分です。

一汁一菜とは、ごはん、味噌汁、おかず一品のこと。カンタンで美味、滋味深い和食は子どもたちに大人気です。子どもはいずれ親元を離れて自立していきますが、このとき、わが子が「ごはんが炊けて、味噌汁をつくることができる」状態になっていれば、本当に安心です。

ヘルシーで滋養のある和食。日々の食卓に和食がのぼっていると、子どもはそれがあたりまえの感覚になりますから、ぜひおうちの食卓に「一汁一菜」を登場させていただけるとうれしいなと思います。

小学生になると、料理の最初から最後までの全プロセスに関わりたい感覚をもちます。小学生親子クラスの子どもたちはいつも、3時間の調理を立ちっぱなしで最後までやりとおします。その事実から、体力も集中力の持続も持ちあわせている、ということを実感しています。

いっぽうで、台所しごとをスタートしたばかりの幼児期、2~3歳の子どもたちにはまず、「まぜるだけ」「ちぎるだけ」「切るだけ」など、ひとつの作業を確実にすることからはじめたいと思います。

なぜならば幼少期の子どもたちは、小学生以上の子どもたちとは違った感覚でいて、「いま興味のあるひとつの作業をやり終えたら満足!」ということが多いからです。目的が「料理ができあがる」ではなくて、「その動作ができるようになる」である場合が多いのです。そして、やれる作業が増え、年齢があがってくると、いろんなプロセスをすべてやりとおして、料理をつくりあげることへの興味や関心がわいてきます。

いま、小さな子どもはその小さな手で、一つひとつの動作を自分のものにしようとしています。料理のプロセスがつまった一汁一菜への道を、すでに歩きはじめているのです。

ボウルで研ごう！

①米用の計量カップを使って、きっちりと計ってボウルに入れる。米1合は180cc。

※炊飯器の内釜で米を洗うと内釜が傷むので、ボウルを使って米を研ぐとよい。

②水を①のボウルにたっぷり入れる。浄水器があるなら、ぜひはじめから使ってください。

③米を研ぐ。水の中の米を親指のつけねで押すように研ぐ。

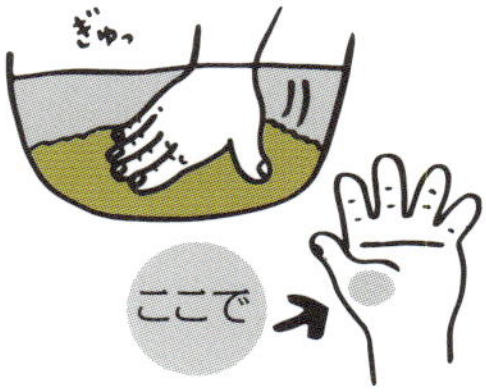

④水を捨てる。水だけを流すように、ボウルをかたむける。米が流れてしまわないようにザルを置いてもよい。
②〜④を3回くらいくり返す。とぎ汁は透明にならなくてもOK。

⑤炊飯器の内釜に米を入れ、炊飯器の3合の目盛りぴったりに水を入れる。秋に収穫したばかりの新米は、お米自体にふくまれる水分が多いので、水は少なめにする。夏ごろの古米は逆に、少し水を増やしてみる。おいしい加減をみつけよう。

⑥30分くらいそのまま水につけておいてからスイッチを入れる。

⑦炊きあがったら、すぐにしゃもじで切りまぜる（炊飯器は、蒸らし時間も含んで炊きあがるタイプが多い）。

水かげん

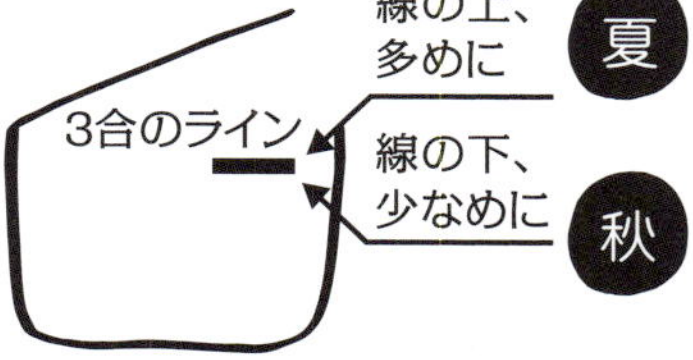

炊飯器でおいしく

ごはんを炊こう

自分の手で、しっかりとお米を研ぐ。
そうして炊いた炊きたてのごはんは、
不思議とほかの何よりもおいしく感じるもの。
「これはうまい！」と自画自賛したくなるごはんを、
子どもも大人もぜひおうちで。
ほかほかの湯気のむこうに家族の笑顔が広がります。

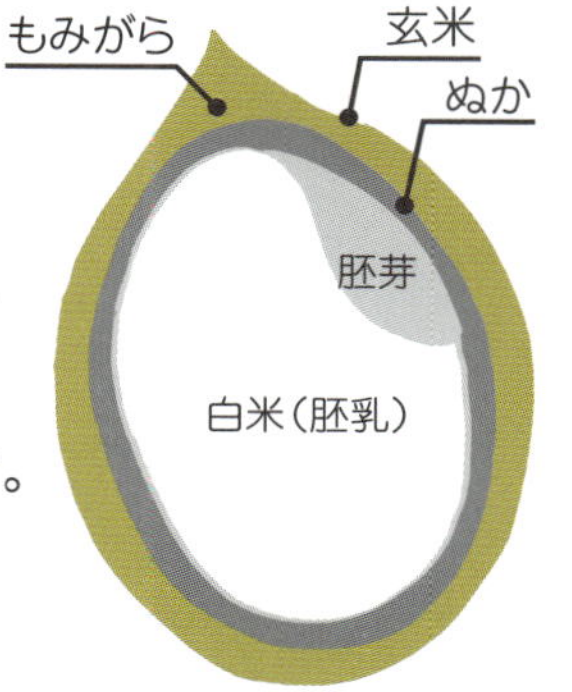

「ぬか」にはミネラルたっぷり！

ぬかを残して精米した７分づき、５分づき、３分づき米なら、白米と同じように炊ける。甘味にうまみが加わっておいしさアップ。お米屋さんで精米してもらったり、おうちに精米器を置いて、玄米をそのつど精米するとおいしい。しかもミネラルをかんたんにとれる方法かも。

〈材料〉ごはん茶碗６杯分
米　３合（５４０cc）
水　６００cc

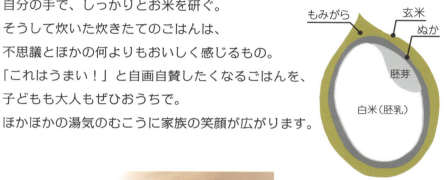

子どもどうぐ

バット　スプーン　おちょこ　ラップ

①焼き海苔１枚をちぎってバットにしいておく。

②スプーンでごはんをすくってバットに入れる。塩をひとつまみかける。

POINT

ポイントは、ごはんにしっかり「圧」をかけること。圧が弱いと、転がすときにごはんがバラバラになってしまいます。④でぎゅっとにぎりましょう。

③おちょこにラップをしいてごはんを盛る。

④ラップごと取り出し、にぎる。

⑤ラップをひらいて…。

⑥海苔をしいたバットを左右に動かして…。

⑦海苔のおにぎり、ミニサイズ完成！

ごま、青海苔、とろろこんぶでもおいしい！

おにぎり

ごはんにも、おやつにも、お弁当にも、かわいいおにぎりが大活躍。
ラップでにぎったごはんを、ちぎった海苔の上で転がすと、
あっというまに海苔をまとったひと口サイズのおにぎりに。
その様子がとびきり楽しい。
ちぎる、にぎる、転がす。
どの作業にも興味津々な子どもたちです。

〈材料〉1人分
ごはん　茶碗1杯分
焼き海苔　全形1枚
塩　適量

いりことこんぶのサイコーにおいしい

だしのとりかた

だしを一からひくと聞けば、なんだか大変そう、と感じるかもしれません。でも鍋に、水、こんぶ、いりこを入れて、ただ弱火にかけるだけでうまみたっぷり、最高のだしがひけるのです。
教室では「いつもは飲まない味噌汁を飲んだ！」と驚きの声があがることもしばしば。ミネラルとおいしさたっぷり！ うれしい和食のベースのだしです。

①鍋に材料をすべて入れる。

②①を弱火にかける。タイマーを40分にセット。

③金色にかがやく「だし」のできあがり！

④網じゃくしやザルを使い、いりこの粉が入らないようにこしましょう。

注意

長持ちはしません

冷蔵庫に入れて翌日には使い切るとおいしさキープ。長期保存には「冷凍」も可能だけど、つくりたてが一番おいしいよ。

★だしをとったあとのいりこ。食べてみて味がしなかったら、おいしい味がだし汁にすっかり出た証拠です。

〈材料〉
材料水　1ℓ
いりこ（煮干し）　20g（水の2％のいりこ）
こんぶ　5㎝角1枚

いりこ選びのポイント

①鮮度
○キラキラ・銀色⇒鮮度がよい。
×はらわた部分が茶色、油がにじんでいる感じ
⇒鮮度はあまりよくない

②酸化防止剤不使用のものを
原材料名が「片口いわし」か「片口いわし・食塩」のものがおいしい。
「冷蔵」ものや「食べるいりこ」がねらい目。

だしがらメニュー

「もったいない」の発想から生まれた
こどもキッチン一押しのだしがらメニュー

いりこするめ

うま味をすっかり出してしまった「だしがら」。
これがおいしいするめに変身しちゃう魔法のレシピです。
こんなのおいしいのかな？　疑ったままでいいので、ぜひお試しを。
びっくりするくらい「するめ」になっちゃいます。

① 頭とはらわたをとりのぞく。

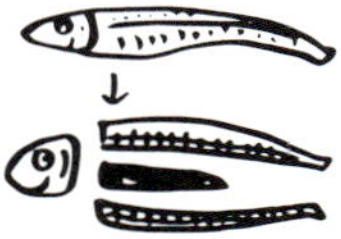

② 背と腹（上下）をつまみ、指で押す。

③ 身と背にわかれる。

④ フライパンを用意し、弱めの火でから煎り。

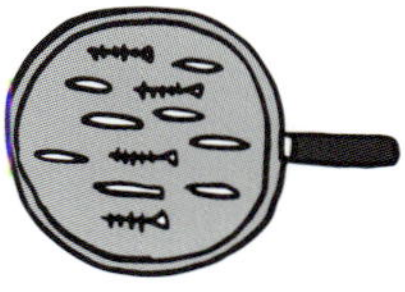

⑤ しょうゆを回しかけて火を止める。

こんぶ佃煮

だしがらこんぶを切って、しょうゆとみりんで煮るだけ。
ポイントは、煮詰めきらずに汁気を残すこと。
こんぶはつるつると滑るので、
子どもが切るときにはゆっくり、じっくりと。

① だしをとったあとのこんぶ（40g）を細切りにする。

② 鍋に①としょうゆ大さじ１、みりん大さじ３、水（50cc）を入れて強火にかける。

③ 沸騰したら弱火にして煮詰めていく。

④ 汁気が半分くらいになったら火を止め、そのまま置いておく。

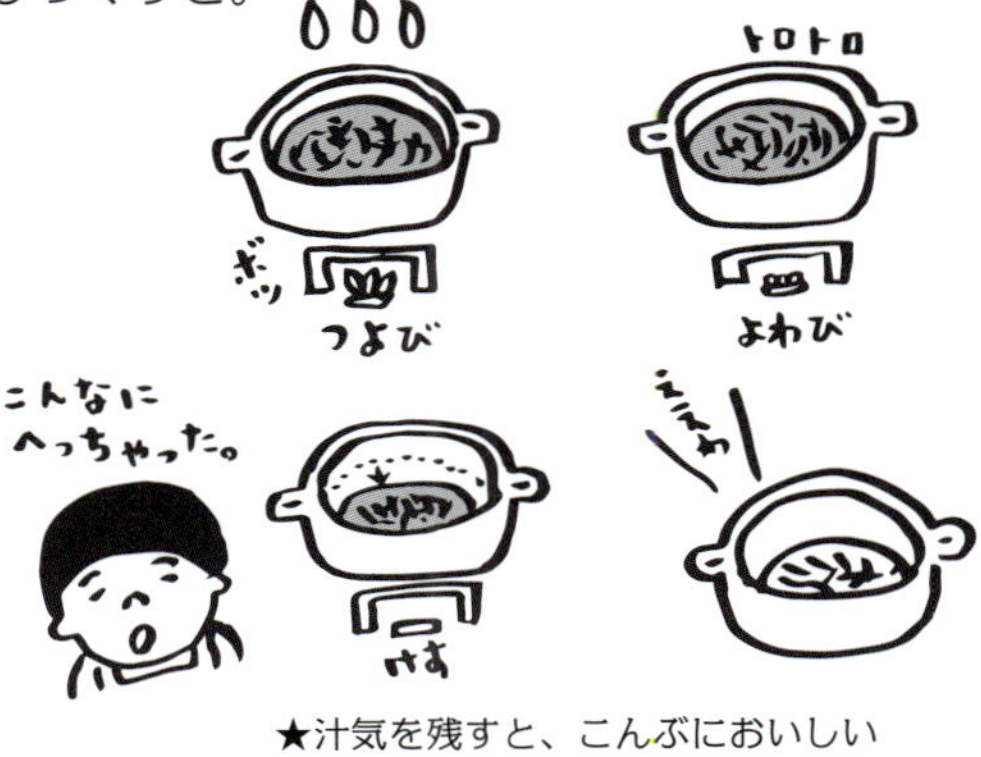

★汁気を残すと、こんぶにおいしい味が入っていきます。

子どもどうぐ

ボウル　まな板とマット　包丁　お鍋　スプーン　おたま　小皿

①わかめの塩抜きをする。水をはったボウルにわかめを入れてつけ、何度か水替えをくり返す。塩が抜けたら、水をきって食べやすい大きさに切る。

②みつばはひと口大に切る。

③だし汁を鍋に入れ、わかめを入れて火にかける。温まったら、酒としょうゆを入れる。

④塩で味をととのえる。

※味見をして、おいしい味をみつけてね！

⑤器によそい、みつばを飾ってできあがり。

アレンジメニュー

韓国風わかめスープ

①わかめのお吸い物のつくり方と、①〜④までは同じ。

②ごま油（小さじ1）をまわし入れて、すりごま、青ねぎの小口切りを飾れば、韓国風スープになるよ！

味見のススメ――味の決め手は子どもの味覚!?

汁物の味は、塩や味噌など塩分で決まるのですが、最後の味かげんを子どもに味見してもらって決めると、とってもおいしくなることが多いです。子ども時代は、人生で最大に味覚が敏感な時期なのだそう。教室でも大人顔負けの味覚の繊細さで、汁物の味は子どもたちに決めてもらっています。

わかめのお吸い物

いりことこんぶのだしのうまみに、わかめから出るだしもプラス。
だし＋わかめという同じ素材から、和風と韓国風、２つの味が楽しめます。
どちらもおいしさ満点。味くらべはいかが？

韓国風わかめスープ

〈材料〉４人分

だし汁	８００cc
うすくちしょうゆ	大さじ１
酒	大さじ１
塩	少々
塩蔵わかめ	20g
みつば	少々

子どもどうぐ

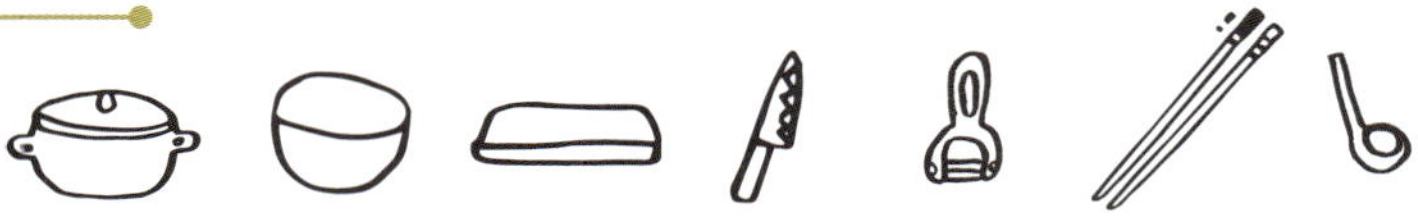

フタ付き鍋　ボウル　まな板とマット　包丁　ピーラー　さいばし　おたま

①こんにゃくをあく抜きする。鍋に水をたっぷり入れて火にかけ、沸騰したらこんにゃくを入れる。
こんにゃくの鍋が再沸騰したら、冷たい水をはったボウルにこんにゃくを入れ、冷やす。

こんにゃくが十分に冷めたら、短冊切りにする。

②材料を切る。
ごぼう…ささがき
（ピーラーで）
大根…たんざく切り
にんじん…いちょう切り
しめじ…石づきを切り取ってから裂く
うすあげ…細めに切る
青ねぎ…小口切り
豚肉…ひと口大

③鍋に①と②の具材となたね油を入れ、火にかける。さいばしを使って炒める。

※油を熱した鍋に入れてもよいが、ここでは、油はねを防ぐために、まだ鍋が冷たいうちにすべての材料を入れています。焦げつきやすい鍋の場合は、フライパンなどで炒めてから鍋に移してもＯＫ。

④豚肉の色が変わったら、火をいったん止めてだし汁を注ぎ、鍋のフタをして、弱めの中火で 10 分くらい煮る。

⑤味噌を鍋のだし汁（少量）で溶いてから、鍋に入れる。味見をしてうすければ、味噌を足す。

⑥器に盛り、青ねぎを散らしてできあがり。

チャレンジメニュー

根菜のうまみたっぷり豚汁

ごはんとこの豚汁だけでも栄養満点！　体も心も温まるおいしさです。
いろいろな具材を切ったり、下ゆでしたりと、作業はいろいろ。
時間がかかるけれど、教室の小学生たちは淡々とつくりあげます。
いろんなことができるようになったら、
おうちでもぜひ、チャレンジしてほしいメニューです。

〈材料〉２人分

だし汁　４００cc
味噌　大さじ２
なたね油　小さじ½
こんにゃく　50g（⅛枚）
ごぼう　30g
大根　60g
にんじん　30g
しめじ　30g
うすあげ　15g（大⅛枚）
豚肉　30g
（こま切れ、豚バラ薄切りなど）
青ねぎ　½本

台所しごとQ&A⑤

Q. 初めての子育てで余裕がなく、何もやらせないまま大きくなってしまいました。

台所しごとをスタートするのに「遅すぎる」ということはありません。

たとえば、「バレンタインの友チョコをつくりたい」という女子中学生は、それまでいっさい台所に入らなかったのに、ものすごいパワーを発揮して何十個ものお菓子を一人でつくりあげます。定年後の男性料理教室では、料理経験ゼロからスタートした人が「つくってみたらおいしい」「奥さんが喜んでくれてうれしい」と、どんどん腕前を上げていくそうです。

私自身が台所に立つようになったのは、小4からでした。ある日ふと、「玉子焼きをつくってみたい」「りんごの皮をむいてみたい」と、思いたったのがはじまりでした。つまり「本人のやりたい気持ち」と「やれる環境」があれば、それがスタートのときなのです。

1歳〜未就学児の子どもたちは、まだおぼつかない手つきだからこそ、もっと器用に、もっと自由自在に動く「動作」を自分のものにしたくて、台所にやってきます。

小学生になると急に台所に来なくなることがあるのですが、もう「動作を完成させる」ための台所ではなくなった、ということなのですね。そのころには、「おいしいごはんをつくりたい」といったグッと大人に近づいた感覚で、料理や台所しごとをとらえはじめています。

子どもが「やってみたい」と言ったときには台所を明け渡し、ぜひやらせてみましょう。台所しごとのスタートに、年齢制限はありません。

コラム

子どもの五感

クローバー畑をみかけたら、あなたも思わず探していませんか？　四つ葉のクローバー。そう、みんな、幸せになりたいんですよね。

長女が4歳のときのエピソード。「四つ葉のクローバー摘んでくる」と言って、大好きなおばあちゃんと公園に出かけました。もどってきたとき、長女が手にした四つ葉のクローバーの束を見て、本当に驚きました。１本見つかれば超ラッキーな四つ葉を、花束にできるほどたくさん摘んできたのです。

なぜでしょう？　もちろん四つ葉が多く生えていたという条件はあったでしょうが、小さい子どもには、小さな差異を見分ける目があります。三つ葉と四つ葉では、葉のつき方や角度が違います。大人には同じに見えるけれど、小さな子どもには違いが見えているのです。

同じころ、保育園の落とし物コーナーにあった「ハンカチ」をくんくんとかいだ長女。「あ、これAちゃんのだ」とすぐに言い当てて、持っていってあげていました。家の洗濯物の匂いをかいでは家族ごとに仕分ける姿も。離れた部屋にいても「ああ、だしの香りがする」と言いながら台所にやってくる。嗅覚の鋭さも大人の比ではありません。

ふすまを隔てた部屋で、声をひそめて話していたのに、ふすまをサッと開けて、「それはねー！」と言いながら、話に入ってきたこともありました。すっかり聞こえていたのですね。地獄耳とはまさにこのことだと驚きましたが、聴覚も鋭い。

冷蔵庫を開けて野菜をつぎつぎと触ったり、流れる水に手をあてて喜んでいるのは、触感を味わいたいから。手が痛くなるほどに、氷水に手をつけたがることもあります。

子どもは「五感」がとても敏感。敏感でありながら、さらに洗練しようとしています。視覚、聴覚、嗅覚、味覚、触覚。そのどれをも「どんどん使って、どんどん洗練したい」、本能的にそうある彼ら。

子どもは、台所が五感をたっぷり使う空間であることを知っているから、歩けるようになるころには、台所にニコニコとやってくるのです。

「四つ葉のクローバー」

天気のいいある日
おばあちゃーん よつばのクローバー さがしにいこーよ♪
いいねぇ
へぇー よつば…
ちらっ
みてみてー わたしがかいたのー
よつば
いってきまーす
いっぱいみつけてくるから ねーー いいこといっぱーい
はあ がんばってー
フフフ
ただいまー
そうかんたんにしあわせは、みつからないわよ
レジとおわり
くらいかおして かえってきたかな?
ほらっ みてー
どっさり!!
え゛ー
な、なんでー!!

おわりに

クッキングを終え、大好きなお母さん・お父さんに自分のつくった料理を提供して、親子で一緒にうれしいおいしい試食タイム。最初はもじもじしていた初参加の子どもも、ここまで来ると自信に満ちた顔に変身しています。

ごちそうさまのあとには、洗い物もします。コップをふきんで、ていねいにふき上げて「はい、ご苦労さん！」という場面で、3歳の女の子たち2人は言いました。「ほかにやることない？もっとやりたい！」。

人間は本質的に〈だれかのために役に立ちたい〉気持ちがあります。「自分のつくったごはんでだれかを喜ばせることができた」という体験は、人間が根源的に持っているその気持ちを満足させてくれます。すると「さらに次、もっと何かをやりたい」となっていくようです。

やらされ感からではなく、やりたくてやっている、しかもだれかのために役立っているという実感は、子どもを自然と軽やかに成長させてくれます。「子どもが台所に立つ」ということには、正解なら○をもらえるといった平面的なペーパー学習では得られない、はかりしれないほどの奥深い喜びがあるのです。

親子料理教室こどもキッチンには、

・目の前の作業に、一つひとつていねいに取り組む姿

・手がまだ器用には動かなくても、そんなことは意にも介さずやりとげる様子

・ちょっとむずかしい、と思ったことができた瞬間のキラキラした顔
・泣いている1歳さんにそっと寄りそい、頭をなでてあげる2歳さんの姿

こんな光景がいっぱいあります。子どもの本当の姿をいつも見せてもらっています。
教室にくる子どもたちは、いちばん小さい子どもで1歳半。2歳、3歳とまだ言葉はおぼつかない時期から、小学校入学まえまでと年齢幅がありますが、環境を整えて、興味のある作業を、伝わるように伝えると、子どもは本当に真剣に取り組みます。「やらない」を選んだ子どもたちも、部屋を飛びだしていったりせず、お母さんの様子をじっと見ていたりします。とても落ち着いていて静かな空間です。

台所仕事にかぎらず、日常にあふれているすべてのこと、たとえば、服を着る、靴を履く、道具を片づける、自分で食べる。またトイレや、食事の支度、そして人との言葉のコミュニケーション。大人がいま、目のまえで見せてくれていることはすべて、「いずれは自分がやることだ」と子どもは思っています。そして「できないことを、できるようになりたい」「どんどんやれることを増やして、大きくなりたい」、子どもたちはそう切望しながら、体験を積んでいきます。自立への道をみずからの足で、喜んで歩んでいるのです。

日常のあらゆる場面で「子どもが育つ大人のあり方」を実践する人であふれる社会となりますように。そして子どもたちは、自立して自律的で、平和に、人と価値ある何かを築ける大人となって巣立っていってくれますように。そのようなことを意図しながら、今後も、教室や講座をつくっていきます。

本書を制作するにあたってご協力くださった人たちに感謝の気持ちでいっぱいです。フォトグラファーの谷川由紀子さんには、ファインダーを通して、成長に向かいひたむきな子どもの姿を映し出してくださったこと、ご貢献に感謝しています。イラストレーターのはまさきはるこさんは、キュートなイラストと絶妙な表現で、伝えたいことがしっかりと伝わるよう、存分に本書に現わしてくださいました。一緒につくるプロセスで得たものは、私にとって生涯に渡る財産です。本当にありがとう。

子どもの台所しごとをスタートする大きなきっかけとなった私のかわいい子どもたちと、いつも私を陰日なたでサポートしてくれるだんなさま、私の大切な家族にありがとう。元気でいてくれていることが本当にうれしいです。

そして、こどもキッチンの教室に貴重なお時間をさいてくださったこれまでの参加者のみなさま。みなさまとの出会いがなければ、この本は生まれませんでした。お一人おひとりに感謝の気持ちをお伝えしたいです。本当にありがとうございます。

そして最後に、この本を手にしてくださったあなたに心からの感謝をおくります。この本が、ちょっとした場面であなたのサポートとなって、ふっと気持ちが和んだり、軽やかになったりしたら……、最高にハッピーです。このご縁をありがとうございます。

２０１７年８月

こどもキッチン主宰　石井由紀子

こどもキッチンは、子どもの「自分で自分を育てる力」を発揮する環境づくりや、大人の関わりを提案する教室として、2008年にはじまりました。現在は、親子の「食とコミュニケーション」の課題に対応して、さまざまな講座をおこなっています。

親子むけ講座

2歳からの親子料理教室 こどもキッチン

満2歳〜未就学児の子どもとその親のための料理教室です。包丁や火など本物の道具を使う子どもの調理体験。大人も知りたい「簡単&めちゃ美味レシピ」。わが子の真剣なまなざしを愛でつつ、作ってくれたお料理に舌鼓を打つ。月に一度の親子料理教室です。

1歳半〜3歳親子の こどもキッチン first《ファースト》

親子対象のワークショップ・4回コースです。モンテッソーリ教育をヒントに、日常生活のなかにある「みずから成長しようとする子ども」の姿に触れながら「おうちの台所で子どもと一緒に料理する」を目指します。

6歳からの料理塾 こどもキッチン NEXT《ネクスト》

小学生の子どもとその親のための料理教室（4回コース）です。和食の一汁二菜をおうちで子どもが一人でつくれる、を目指します。「自分の力でお料理をつくりたい」子どもと、「子どもが一人でできるよう見守るサポート」を試してみる大人のための親子料理教室です。

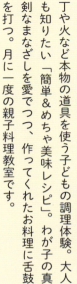

大人むけ講座

こどもの台所仕事を可能にする 大人のためのワークショップ

すべてが大人サイズで、火や包丁など危険を伴う場所である「おうちキッチン」を、子どもが使っても安全で安心な場所にするための「環境の整え方」をみていくワークショップです。一人だとなかなかできないことも、目的を同じくするだれかがいるとはかどるうえ、より現実化します。また、自宅での子どもの台所仕事を可能にするコツの数々もお伝えします。

こどもキッチン コミュニケーション講座

日常のコミュニケーションを題材にしながら毎回のテーマに沿って「子どもが育つ大人のあり方」を探っていきます。「時間」「自立」・各4回コースなどがあります。

こども食講座 パクパク食べる食卓の魔法

少食、偏食、食べ過ぎる、遊び食べ……、毎食の〝子どもの食〟に悩む大人のための講座です。「子どもが食べない」に悩む人は、毎回、毎食、毎日悩むわけですから、降りつもっていくストレスは相当なものです。だから、講座を通して一気にツライ状況がほどけると、それまで連鎖的に難しくしてしまっていたほかのことまで、一気にほどけてきて毎日がかなりラクになる、ということも起こってきます。

単発での講座や講演もおこなっています。開催の情報やレポートは、こどもキッチンの web サイト http://kodomo-kitchen.com をご覧ください。

著者紹介

石井由紀子

親子料理教室こどもキッチン主宰
子ども台所仕事研究家

神戸市出身。教育学部卒業後、企業にて営業・企画に携わる。出産後、復職しての仕事のかたわら、モンテッソーリ教育の養成コースに学び、教員ディプロマを取得。

「台所仕事から子どもの自立をつくる」をテーマに親子料理教室「こどもキッチン」を二〇〇八年にスタートした。これまでの教室・講座の参加者数は、大人と子どもあわせ八五二〇名（二〇一七年七月末）になる。

三回の育児休職・復職経験、仕事と育児・家事の両立の経験から「ノーバディーズ・パーフェクト（＝家の中でお母さんだけががんばるのはムリ）」が座右の銘に。

大阪万博の年生まれの水瓶座。一男二女の母。大阪府茨木市在住。

こどもキッチン、はじまります。
2歳からのとっておき台所しごと

二〇一七年九月十日　初版発行
二〇一八年三月十日　三刷発行

著者　石井由紀子
絵・デザイン　はまさきはるこ
写真　石井由紀子／谷川由紀子
編集協力・組版　合同会社メディアイランド

発行所　太郎次郎社エディタス
東京都文京区本郷三-四-三-八階
〒一一三-〇〇三三
電話　〇三-三八一五-〇六〇五
Fax　〇三-三八一五-〇六九八
http://www.tarojiro.co.jp
電子メール　tatojiro@tarojiro.co.jp

印刷・製本　シナノ書籍印刷
価格　カバーに表示

ISBN978-4-8118-0824-6 C0077